Impressum
Verlag: BABADADA GmbH, Nedderfeld 112 , 22529 Hamburg
Geschäftsführer / Verlagsleitung: Harald Hof
Druck: Books on Demand GmbH, In de Tarpen 42, 22848 Norderstedt

Imprint
Publisher: BABADADA GmbH, Nedderfeld 112 , 22529 Hamburg, Germany
Managing Director / Publishing direction: Harald Hof
Print: Books on Demand GmbH, In de Tarpen 42, 22848 Norderstedt

divide
chu

186/2

board
hei ban

classroom
jiao shi

school yard
xiao yuan

teacher
lao shi

paper
zhi

write
shu xie

pen
gang bi

desk
ban gong zhuo

ruler
zhi chi

book
shu

pupil
xue sheng

satchel

shu bao

pencil case

qian bi he

pencil

qian bi

pencil sharpener

juan bi dao

rubber

xiang pi ca

drawing pad

hua ban

drawing

tu hua

paintbrush

hua bi

paint box

yan liao he

scissors

jian dao

glue

jiao shui

exercise book

lian xi ce

homework

jia ting zuo ye

number

shu zi

add

jia

subtract

jian

multiply

cheng

calculate

ji suan

letter

zi mu

alphabet

zi mu biao

word

zi

text

ke wen

read

du

chalk

fen bi

lesson

shang ke

register

deng ji

exam

kao shi

certificate

zheng shu

school uniform

xiao fu

education

jiao yu

encyclopedia

bai ke quan shu

university

da xue

microscope

xian wei jing

map

di tu

waste-paper basket

fei zhi kuang

school - xue xiao

hotel
jiu dian

Grand

hostel
qing nian lü xing she

bureau de change
wai bi dui huan chu

car
qi che

language
yu yan

yes / no
shi/fou

Okay
hao de

hello
nin hao

translator
fan yi yuan

Thank you
xie xie

how much is...?

......duo shao qian?

I do not understand

wo bu ming bai

problem

wen ti

Good evening!

wan shang hao!

Good morning!

zao shang hao!

Good night!

wan an!

bye bye

zai jian

direction

fang xiang

luggage

xing li

bag

bao

backpack

shuang jian bao

guest

ke ren

room

fang jian

sleeping bag

shui dai

tent

zhang peng

tourist information

lü you xin xi

beach

hai tan

credit card

xin yong ka

breakfast

zao can

lunch

wu can

dinner

wan can

ticket

piao

lift

dian ti

stamp

you piao

border

bian jie

customs

hai guan

embassy

da shi guan

visa

qian zheng

passport

hu zhao

aeroplane
fei ji

ship
chuan

fire engine
xiao fang che

bus
gong jiao che

truck
ka che

motorboat
qi ting

bike
zi xing che

car
qi che

ferry

bai du chuan

boat

xiao chuan

motorbike

mo tuo che

police car

jing che

racing car

sai che

rental car

zu che

car sharing

pin che

breakdown truck

tuo che

refuse truck

la ji che

motor

fa dong ji

fuel

qi you

petrol station

jia you zhan

traffic sign

jiao tong biao zhi

traffic

jiao tong

traffic jam

jiao tong du sai

car park

ting che chang

train station

huo che zhan

tracks

gui dao

train

huo che

tram

dian che

carriage

huo che

helicopter

zhi sheng ji

airport

ji chang

tower

ta

passenger

cheng ke

container

ji zhuang xiang

carton

zhi ban xiang

cart

shou tui che

basket

lan zi

take off / land

qi fei/jiang luo

city

cheng shi

village

cun zhuang

city centre

shi zhong xin

house

fang zi

cinema
dian ying yuan

advert
guang gao

street lamp
lu deng

CINEMA

street
jie dao

taxi
chu zu che

snack shop
xiao chi dian

pedestrian
xing ren

pavement
ren xing dao

zebra crossing
ban ma xian

bin
la ji xiang

crossing
shi zi lu kou

traffic lights
hong lü deng

hut

xiao wu

flat

gong yu

train station

huo che zhan

town hall

shi zheng ting

museum

bo wu guan

school

xue xiao

university

da xue

bank

yin hang

hospital

yi yuan

hotel

jiu dian

pharmacy

yao fang

office

ban gong shi

book shop

shu dian

shop

shang dian

florist's

hua dian

supermarket

chao shi

market

shi chang

department store

bai huo shang dian

fishmonger's

yu dian

shopping centre

gou wu zhong xin

harbour

hai gang

park

gong yuan

bench

chang deng

bridge

qiao

stairs

lou ti

underground

di tie

tunnel

sui dao

bus stop

gong jiao che zhan

bar

jiu ba

restaurant

can guan

postbox

you tong

street sign

lu biao

parking meter

ting che ji shi qi

zoo

dong wu yuan

swimming pool

you yong guan

mosque

qing zhen si

farm

nong chang

pollution

wu ran

graveyard

mu di

church

jiao tang

playground

cao chang

temple

si miao

landscape

di xing

signpost
zhi shi pai

way
lu

meadow
cao di

stone
shi tou

hiker
tu bu lü xing zhe

tree
shu

river
he

grass
cao

flower
hua

valley

xia gu

hill

shan

lake

hu

forest

sen lin

desert

sha mo

volcano

huo shan

castle

cheng bao

rainbow

cai hong

mushroom

mo gu

palm tree

zong lü shu

mosquito

wen zi

fly

cang ying

ant

ma yi

bee

mi feng

spider

zhi zhu

beetle

jia chong

frog

qing wa

squirrel

song shu

hedgehog

ci wei

hare

ye tu

owl

mao tou ying

bird

niao

swan

tian e

boar

ye zhu

deer

lu

moose

mi lu

dam

shui ba

wind turbine

feng li fa dian ji

solar panel

tai yang neng dian chi ban

climate

qi hou

waiter
fu wu yuan

menu
cai dan

chair
yi zi

soup
tang

pizza
pi sa bing

cutlery
can ju

tablecloth
zhuo bu

starter

qian cai

main course

zhu cai

dessert

tian dian

drinks

yin liao

food

shi wu

bottle

ping zi

fast food

kuai can

street food

jie bian xiao chi

teapot

cha hu

sugar bowl

tang he

portion

yi fen fan cai

espresso machine

yi shi ka fei ji

high chair

gao jiao yi

bill

zhang dan

tray

tuo pan

knife

dao

fork

can cha

spoon

shao zi

teaspoon

cha chi

serviette

can jin

glass

bo li bei

plate

die zi

soup plate

tang pan

saucer

die zi

sauce

jiang

salt pot

yan ping

pepper mill

hu jiao mo

vinegar

cu

oil

shi yong you

spices

tiao wei liao

ketchup

fan qie jiang

mustard

jie mo

mayonnaise

dan huang jiang

special offer
te jia

customer
gu ke

dairy
ru zhi pin

FOR

fruit
shui guo

trolley
gou wu che

butcher's

rou pu

baker's

mian bao fang

weigh

cheng zhong

vegetables

shu cai

meat

rou

frozen food

leng dong shi pin

cold meat

leng pan

tinned food

guan tou shi pin

washing powder

xi yi fen

sweets

tian shi

household products

ri yong pin

cleaning products

qing jie yong pin

salesperson

xiao shou yuan

till

shou yin ji

cashier

shou yin yuan

shopping list

gou wu qing dan

opening hours

kai fang shi jian

wallet

qian bao

credit card

xin yong ka

bag

dai zi

plastic bag

su liao dai

water
....
shui

juice
....
guo zhi

milk
....
niu nai

coke
....
ke le

wine
....
hong jiu

beer
....
pi jiu

alcohol
....
jiu

cocoa
....
ke ke

tea
....
cha

coffee
....
ka fei

espresso
....
yi shi nong suo ka fei

cappuccino
....
ka bu qi nuo

banana

xiang jiao

apple

ping guo

orange

cheng zi

melon

xi gua

lemon

ning meng

carrot

hu luo bo

garlic

da suan

bamboo

zhu zi

onion

yang cong

mushroom

mo gu

nuts

jian guo

noodles

mian tiao

spaghetti

yi da li mian tiao

rice

mi fan

salad

sha la

chips

shu tiao

fried potatoes

zha tu dou

pizza

pi sa bing

hamburger

han bao bao

sandwich

san ming zhi

cutlet

zha zhu pai

ham

huo tui

salami

sa la mi

sausage

xiang chang

chicken

ji rou

roast

kao rou

fish

yu

porridge oats

yan mai pian

muesli

mu zi li

cornflakes

yu mi pian

flour

mian fen

croissant

yang jiao mian bao

bread roll

mian bao juan

bread

mian bao

toast

kao mian bao

biscuits

bing gan

butter

huang you

curd

ning ru

cake

dan gao

egg

dan

fried egg

jian dan

cheese

nai lao

ice cream

bing ji lin

sugar

tang

honey

feng mi

jam

guo jiang

chocolate spread

qiao ke li jiang

curry

ga li fan

goat
shan yang

cow
nai niu

calf
niu du

pig
zhu

piglet
xiao zhu

bull
gong niu

goose

e

duck

ya

chick

xiao ji

hen

mu ji

cock

gong ji

rat

shu

cat

mao

mouse

lao shu

ox

niu

dog

gou

doghouse

gou wu

garden hose

hua yuan jiao shui ruan guan

watering can

sa shui hu

scythe

chang bing da lian dao

plough

li

sickle

lian dao

hoe

chu tou

pitchfork

chang bing cao pa

axe

fu tou

wheelbarrow

du lun shou tui che

trough

si liao cao

milk can

niu nai guan

sack

ma bu dai

fence

zha lan

stable

ma jiu

greenhouse

wen shi

soil

tu rang

seed

zhong zi

fertilizer

fei liao

combine harvester

lian he shou ge ji

harvest

shou ge

harvest

shou ge

yams

shan yao

wheat

xiao mai

soy

da dou

potato

tu dou

corn

yu mi

rapeseed

you cai zi

fruit tree

guo shu

cassava

shu shu

cereals

gu wu

living room

ke ting

bathroom

yu shi

kitchen

chu fang

bedroom

wo shi

child's room

er tong fang

dining room

can ting

floor

di ban

wall

qiang bi

ceiling

diao ding

cellar

di jiao

sauna

sang na

balcony

yang tai

terrace

lu tai

pool

you yong chi

lawn mower

ge cao ji

sheet

bei dan

bedspread

chuang zhao

bed

chuang

broom

sao zhou

bucket

shui tong

switch

kai guan

carpet

di tan

curtain

chuang lian

table

can zhuo

chair

yi zi

rocking chair

yao yi

armchair

fu shou yi

book
shu

blanket
tan zi

decoration
zhuang shi pin

firewood
mu chai

film
dian ying

hi-fi equipment
gao bao zhen yin xiang

key
yao shi

newspaper
bao zhi

painting
you hua

poster
hai bao

radio
shou yin ji

notepad
bi ji ben

hoover
xi chen qi

cactus
xian ren zhang

candle
la zhu

fridge
bing xiang

microwave oven
wei bo lu

kitchen scales
chu fang cheng

toaster
kao mian bao ji

detergent
xi jie jing

oven
kao xiang

freezer
bing gui

dishwasher
xi wan ji

cooker

chui ju

pot

guo

cast-iron pot

zhu tie guo

wok / kadai

sha guo

pan

ping di guo

kettle

shui hu

steamer

zheng guo

baking tray

kao pan

crockery

tao ci guo

mug

ma ke bei

bowl

wan

chopsticks

kuai zi

ladle

chang bing shao

spatula

chan zi

whisk

jiao ban qi

strainer

lü wang

sieve

shai zi

grater

mo sui ji

mortar

yan bo

barbecue

shao kao

open fire

ming huo

chopping board

cai ban

rolling pin

gan mian zhang

corkscrew

kai ping qi

can

guan zi

can opener

kai ping qi

pot holder

ge re shou tao

sink

shui cao

brush

shua zi

sponge

hai mian

blender

jiao ban ji

deep freezer

leng cang xiang

baby bottle

nai ping

tap

shui long tou

heating
gong nuan she bei

shower
lin yu

towel
mao jin

shower curtain
yu lian

bubble bath
pao mo yu

bathtub
yu gang

glass
bo li bei

washing machine
xi yi ji

tap
shui long tou

tiles
ci zhuan

potty
bian hu

sink
shui cao

toilet	squat toilet	bidet
ce suo	dun bian qi	zuo yu qi

urinal	toilet paper	toilet brush
xiao bian chi	ce zhi	ma tong shua

toothbrush

ya shua

toothpaste

ya gao

dental floss

ya xian

wash

xi

handheld shower

shou chi shi pen lin tou

douche

chong xi qi

basin

xi lian pen

back brush

ca bei shua

soap

fei zao

shower gel

mu yu lu

shampoo

xi fa shui

flannel

fa lan rong

drain

pai shui

cream

ru shuang

deodorant

chu chou ji

mirror

jing zi

hand mirror

shou jing

razor

ti xu dao

shaving foam

ti xu pao mo

aftershave

xu hou shui

comb

shu zi

brush

shua zi

hair dryer

chui feng ji

hairspray

pen fa ding xing ji

makeup

hua zhuang pin

lipstick

chun gao

nail varnish

zhi jia you

cotton wool

hua zhuang mian

nail scissors

zhi jia jian

perfume

xiang shui

washbag

xi shu bao

stool

deng zi

weighing scale

ji zhong cheng

bathrobe

yu pao

rubber gloves

xiang jiao shou tao

tampon

wei sheng mian tiao

sanitary towel

wei sheng jin

chemical toilet

hua xue ce suo

alarm clock
nao zhong

cuddly toy
mao rong wan ju

toy car
wan ju che

rattle
bo lang gu

doll's house
wan ju wu

present
li wu

balloon

qi qiu

bed

chuang

pram

(yang wa wa yong)ying er che

deck of cards

pu ke pai

jigsaw

pin tu

comic

man hua

lego bricks

le gao ji mu

building blocks

ji mu wan ju

action figure

wan ju ren

babygrow

ying er fu

frisbee

fei pan

mobile

chuang ling wan ju

board game

qi pan you xi

dice

shai zi

model train set

huo che mo xing

dummy

an fu nai zui

party

ju hui

picture book

hui ben

ball

qiu

doll

yang wa wa

play

wan

sandpit

sha keng

swing

qiu qian

toys

wan ju

video game console

you xi ji

tricycle

san lun che

teddy bear

tai di xiong

wardrobe

yi chu

clothing
yi fu

socks

wa zi

stockings

chang wa

tights

jin shen ku

scarf
wei jin

belt
pi dai

umbrella
yu san

t-shirt
T xu

boots
xue zi

slippers
tuo xie

trainers
yun dong xie

sandals	shoes	rubber boots
liang xie	xie	yu xue

underpants	bra	vest
nei ku	xiong zhao	bei xin

body

shen ti

trousers

ku zi

jeans

niu zai ku

skirt

duan qun

blouse

nü shi chen shan

shirt

chen shan

pullover

tao tou shan

hoodie

wei yi

blazer

xi zhuang jia ke

jacket

jia ke

coat

wai tao

raincoat

yu yi

costume

tao zhuang

dress

lian yi qun

wedding dress

hun sha

suit

xi zhuang

nightgown

shui pao

pyjamas

shui yi

sari

sha li

headscarf

tou jin

turban

bao tou jin

burqa

bo ka

kaftan

ka fu tan

abaya

(a la bo shi)chang pao

swimsuit

yong yi

trunks

nan shi yong ku

shorts

duan ku

tracksuit

yun dong fu

apron

wei qun

gloves

shou tao

button

niu kou

glasses

yan jing

bracelet

shou lian

necklace

xiang lian

ring

jie zhi

earring

er huan

cap

bian mao

coat hanger

yi jia

hat

mao zi

tie

ling dai

zip

la lian

helmet

tou kui

braces

bei dai

school uniform

xiao fu

uniform

zhi fu

bib
wei dou

dummy
an fu nai zui

nappy
niao bu shi

server
fu wu qi

filing cabinet
wen jian gui

printer
da yin ji

paper
zhi

monitor
xian shi ping

desk
ban gong zhuo

mouse
shu biao

folder
wen jian jia

keyboard
jian pan

chair
yi zi

waste-paper basket
fei zhi kuang

computer
dian nao

coffee mug
ka fei bei

calculator
ji suan qi

internet
yin te wang

laptop

bi ji ben dian nao

letter

xin jian

message

xiao xi

mobile

shou ji

network

wang luo

photocopier

fu yin ji

software

ruan jian

telephone

dian hua

plug socket

cha zuo

fax machine

chuan zhen ji

form

biao ge

document

wen jian

buy

mai

pay

fu qian

trade

jiao yi

money

xian jin

dollar

mei yuan

euro

ou yuan

yen

ri yuan

rouble

lu bu

Swiss franc

rui shi fa lang

renminbi yuan

ren min bi

rupee

lu bi

cashpoint

ti kuan chu

bureau de change

wai bi dui huan chu

gold

jin

silver

yin

oil

shi you

energy

neng yuan

price

jia ge

contract

he tong

tax

shui jin

stock

gu piao

work

gong zuo

employee

zhi yuan

employer

lao ban

factory

gong chang

shop

shang dian

police officer
jing guan

fireman
xiao fang yuan

cook
chu shi

doctor
yi sheng

pilot
fei xing yuan

gardener
....
yuan ding

carpenter
....
mu jiang

seamstress
....
cai feng

judge
....
fa guan

chemist
....
hua xue jia

actor
....
yan yuan

bus driver

gong jiao che si ji

taxi driver

chu zu che si ji

fisherman

yu fu

cleaning lady

qing jie nü gong

roofer

wu ding gong

waiter

fu wu yuan

hunter

lie ren

painter

hua jia

baker

mian bao shi

electrician

dian gong

builder

jian zhu gong ren

engineer

gong cheng shi

butcher

tu fu

plumber

shui guan gong

postman

you di yuan

soldier

shi bing

architect

jian zhu shi

cashier

shou yin yuan

florist

hua nong

hairdresser

li fa shi

conductor

shou piao yuan

mechanic

ji xie shi

captain

chuan zhang

dentist

ya yi

scientist

ke xue jia

rabbi

la bi

imam

yi ma mu

monk

he shang

clergyman

mu shi

hammer
tie chui

pliers
qian zi

screwdriver
luo si dao

spanner
ban shou

torch
shou dian tong

digger

wa jue ji

toolbox

gong ju xiang

ladder

ti zi

saw

ju zi

nails

ding zi

drill

zuan ji

repair

xiu

shovel

chan zi

Damn!

kao!

dustpan

bo ji

paint pot

you qi tong

screws

luo si

musical instruments
yue qi

drum kit
da ji yue qi

loudspeaker
yang sheng qi

guitar
ji ta

double bass
di yin ti qin

trumpet
xiao hao

piano

gang qin

violin

xiao ti qin

bass

bei si

timpani

ding yin gu

drums

gu

keyboard

dian zi qin

saxophone

sa ke si guan

flute

chang di

microphone

mai ke feng

tiger
lao hu

entrance
ru kou

cage
long zi

zebra
ban ma

animal feed
dong wu si liao

panda
xiong mao

animals

dong wu

elephant

da xiang

kangaroo

dai shu

rhino

xi niu

gorilla

da xing xing

bear

xiong

camel

luo tuo

ostrich

tuo niao

lion

shi zi

monkey

hou zi

flamingo

huo lie niao

parrot

ying wu

polar bear

bei ji xiong

penguin

qi e

shark

sha yu

peacock

kong que

snake

she

crocodile

e yu

zookeeper

dong wu yuan guan li yuan

seal

hai bao

jaguar

mei zhou bao

pony

ai zhong ma

leopard

bao

hippo

he ma

giraffe

chang jing lu

eagle

lao ying

boar

ye zhu

fish

yu

turtle

gui

walrus

hai xiang

fox

hu li

gazelle

ling yang

American football
gan lan qiu

cycling
qi zi xing che

tennis
wang qiu

basketball
lan qiu

swimming
you yong

boxing
quan ji

ice hockey
bing qiu

football
ying shi zu qiu

badminton
yu mao qiu

athletics
tian jing

handball
shou qiu

skiing
hua xue

polo
ma qiu

laugh
xiao

jump
tiao

hug
yong bao

walk
zou lu

sing
chang

pray
qi dao

kiss
qin wen

dream
zuo meng

write

shu xie

draw

hua

show

zhan shi

push

tui

give

gei

take

na

have
....
you

do
....
zuo

be
....
dang

stand
....
zhan

run
....
pao

pull
....
la

throw
....
reng

fall
....
shuai dao

lie
....
tang

wait
....
deng dai

carry
....
xie dai

sit
....
zuo

get dressed
....
chuan yi

sleep
....
shui jiao

wake up
....
xing lai

look at

kan

cry

ku

stroke

fu mo

comb

shu tou

talk

jiao tan

understand

ming bai

ask

wen

listen

ting

drink

he

eat

chi

tidy up

qing li

love

ai

cook

zuo fan

drive

kai che

fly

fei

sail

hang xing

calculate

ji suan

read

du

learn

xue xi

work

gong zuo

marry

jie hun

sew

feng

brush teeth

shua ya

kill

sha

smoke

chou yan

send

ji

grandmother
zu mu

grandfather
zu fu

father
fu qin

mother
mu qin

baby
ying tong

daughter
nü er

son
er zi

guest

ke ren

aunt

a yi

uncle

shu shu

brother

xiong di

sister

jie mei

forehead
qian e

eye
yan jing

shoulder
jian bang

finger
shou zhi

face
lian

chin
xia ba

hand
shou

breast
ru fang

leg
tui

arm
shou bi

baby

ying tong

man

nan ren

woman

nü ren

girl

nü hai

boy

nan hai

head

tou

back

bei bu

belly

du zi

belly button

du qi

toe

jiao zhi

heel

jiao hou gen

bone

gu tou

hip

tun bu

knee

xi gai

elbow

shou zhou

nose

bi zi

bottom

pi gu

skin

pi fu

cheek

lian jia

ear

er duo

lip

zui chun

mouth

zui

tooth

ya chi

tongue

she tou

brain

nao

heart

xin zang

muscle

ji rou

lung

fei

liver

gan zang

stomach

wei

kidneys

shen zang

sex

xing jiao

condom

bi yun tao

ovum

luan zi

semen

jing zi

pregnancy

huai yun

menstruation

yue jing

vagina

yin dao

penis

yin jing

eyebrow

mei mao

hair

tou fa

neck

bo zi

hospital
yi yuan

ambulance
jiu hu che

wheelchair
lun yi

fracture
gu zhe

doctor

yi sheng

emergency room

ji zhen shi

nurse

hu shi

emergency

jin ji qing kuang

unconscious

hun mi

pain

tong

injury

shou shang

bleeding

chu xue

heart attack

xin zang bing fa zuo

stroke

zhong feng

allergy

guo min

cough

ke sou

fever

fa shao

flu

liu gan

diarrhoea

fu xie

headache

tou tong

cancer

ai zheng

diabetes

tang niao bing

surgeon

wai ke yi sheng

scalpel

shou shu dao

operation

shou shu

CT

CT

x-ray

X guang

ultrasound

chao sheng bo

face mask

kou zhao

disease

ji bing

waiting room

hou zhen shi

crutch

guai zhang

plaster

shi gao

bandage

beng dai

injection

zhu she

stethoscope

ting zhen qi

stretcher

dan jia

clinical thermometer

ti wen ji

birth

chu sheng

overweight

chao zhong

hearing aid

zhu ting qi

disinfectant

xiao du ye

infection

gan ran

virus

bing du

HIV / AIDS

ai zi bing

medicine

yao wu

vaccination

jie zhong yi miao

tablets

yao pian

pill

yao wan

emergency call

ji jiu dian hua

blood pressure monitor

xue ya ji

ill / healthy

sheng bing/jian kang

Help!

jiu ming!

alarm

jing bao

assault

tu ji

attack

gong ji

danger

wei xian

emergency exit

jin ji chu kou

Fire!

zhao huo la!

fire extinguisher

mie huo qi

accident

yi wai

first-aid kit

ji jiu xiang

SOS

hu jiu xin hao

police

jing cha

Europe

ou zhou

North America

bei mei zhou

South America

nan mei zhou

Africa

fei zhou

Asia

ya zhou

Australia

ao zhou

Atlantic

da xi yang

Pacific

tai ping yang

Indian Ocean

yin du yang

Antarctic Ocean

nan bing yang

Arctic Ocean

bei bing yang

North Pole

bei ji

South Pole
....
nan ji

Antarctica
....
nan ji zhou

Earth
....
di qiu

land
....
lu di

sea
....
hai

island
....
dao

nation
....
guo jia

state
....
guo jia

clock face

zhong mian

hour hand

shi zhen

minute hand

fen zhen

second hand

miao zhen

What time is it?

xian zai ji dian?

day

tian

time

shi jian

now

xian zai

digital watch

dian zi biao

minute

fen

hour

shi

Monday
zhou yi

Wednesday
zhou san

Friday
zhou wu

Tuesday
zhou er

Saturday
zhou liu

Thursday
zhou si

Sunday
zhou ri

yesterday

zuo tian

today

jin tian

tomorrow

ming tian

morning

zao chen

noon

zhong wu

evening

wan shang

business days

gong zuo ri

weekend

zhou mo

rain
yu

snow
xue

wind
feng

spring
chun

autumn
qiu

summer
xia

winter
dong

weather forecast
tian qi yu bao

thermometer
wen du ji

sunshine
yang guang

cloud
yun

fog
wu

humidity
chao shi

lightning

shan dian

thunder

da lei

storm

feng bao

hail

bing bao

monsoon

ji feng

flood

hong shui

ice

bing

January

yi yue

February

er yue

March

san yue

April

si yue

May

wu yue

June

liu yue

July

qi yue

August

ba yue

year - nian

September
jiu yue

October
shi yue

November
shi yi yue

December
shi er yue

circle
yuan xing

square
zheng fang xing

rectangle
chang fang xing

triangle
san jiao xing

sphere
qiu ti

cube
li fang ti

white

bai

yellow

huang

orange

cheng

pink

fen

red

hong

purple

zi

blue

lan

green

lü

brown

zong

grey

hui

black

hei

a lot / a little

hen duo/shao xu

angry / calm

sheng qi/ping jing

beautiful / ugly

mei/chou

beginning / end

shou/wei

big / small

da/xiao

bright / dark

ming/an

brother / sister

xiong di/jie mei

clean / dirty

gan jing/ang zang

complete / incomplete

wan zheng/que shi

day / night

bai tian/wan shang

dead / alive

si/sheng

wide / narrow

kuan/zhai

edible / inedible

ke shi yong/fei shi yong

evil / kind

xie e/shan liang

excited / bored

xing fen/wu liao

fat / thin

pang/shou

first / last

di yi/zui hou

friend / enemy

peng you/di ren

full / empty

man/kong

hard / soft

ying/ruan

heavy / light

zhong/qing

hunger / thirst

e/ke

ill / healthy

sheng bing/jian kang

illegal / legal

fei fa/he fa

intelligent / stupid

cong ming/yu ben

left / right

zuo/you

near / far

jin/yuan

new / used

xin/jiu

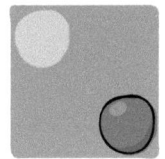

nothing / something

mei you/you xie

old / young

lao/you

on / off

kai/guan

open / closed

da kai/he shang

quiet / loud

an jing/chao nao

rich / poor

fu/qiong

right / wrong

dui/cuo

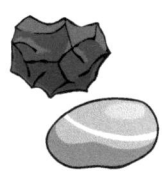

rough / smooth

cu cao/guang hua

sad / happy

shang xin/gao xing

short / long

duan/chang

slow / fast

man/kuai

wet / dry

shi/gan

warm / cool

wen nuan/liang shuang

war / peace

zhan zheng/he ping

0

zero

ling

1

one

yi

2

two

er

3

three

san

4

four

si

5

five

wu

6

six

liu

7

seven

qi

8

eight

ba

9

nine

jiu

10

ten

shi

11

eleven

shi yi

12

twelve

shi er

13

thirteen

shi san

14

fourteen

shi si

15

fifteen

shi wu

16

sixteen

shi liu

17

seventeen

shi qi

18

eighteen

shi ba

19

nineteen

shi jiu

20

twenty

er shi

100

hundred

bai

1.000

thousand

qian

1.000.000

million

bai wan

languages
yu yan

English

ying yu

American English

mei shi ying yu

Chinese Mandarin

pu tong hua

Hindi

yin di yu

Spanish

xi ban ya yu

French

fa yu

Arabic

a la bo yu

Russian

e yu

Portuguese

pu tao ya yu

Bengali

feng jia la yu

German

de yu

Japanese

ri yu

I

wo

you

ni

he / she / it

ta/ta/ta

we

wo men

you

ni men

they

ta men

who?

shei?

what?

shen me?

how?

zen yang?

where?

na li?

when?

shen me shi hou?

name

ming zi

fang wei

behind

hou mian

in

li mian

in front of

qian mian

over

shang fang

on

shang mian

under

xia mian

beside

pang bian

between

zhong jian

place

di dian